ALPHABET

CHRÉTIEN

OU

RÈGLEMENT

POUR LES ENFANTS

QUI FRÉQUENTENT LES ÉCOLES CHRÉTIENNES

GRAVILLE.
A LA LIBRAIRIE DES ÉCOLES PRIMAIRES,
CHEZ O. PRUDHOMME, IMPRIMEUR,

—

1847.

✝ A B C
D E F G H
I J K L M N
O P Q R S T
U V X Y Z
Æ OE W.

— 4 —

✠ a b c d e
f g h i j k l
m n o p q r
s t u v x y z
æ œ ff fi ffi fl
ffl w.

Ba	be	bi	bo	bu
Ca	ce	ci	co	cu
Da	de	di	do	du
Fa	fe	fi	fo	fu
Ga	ge	gi	go	gu
La	le	li	lo	lu
Ma	me	mi	mo	mu
Na	ne	ni	no	nu
Pa	pe	pi	po	pu
Qua	que	qui	quo	quu

Ra re ri ro ru
Sa se si so su
Ta te ti to tu
Va ve vi vo vu
Xa xe xi xo xu
Za ze zi zo zu

an, on, un, ou,
et, au, s'y, est,
lui, pas, loi, jeu,

air, mur, nous,
mais, vous, fils,
point, temps, dans,
jours, dix, corps,
main, dent, pied,
le, pont, tour, la,
long, haut, les,
banc, bois, du,
cent, deux, ci, â-

me, pè re, an ge, tê te, heu re, page, en fer, es prit, com me, beaucoup, em ploi, pre mier, clas se, li vre, table, se cond, prendre, a mi, ci el, tré sor, sain te, même, vil le, ap pel, se cours, gla ce, fau te, e xil, ver- tu, dé faut, fi xer, Mes se, si gnal, gout te, lar me, ar- bre, ha ïr, dé cret, stal le, ai mer, pa- ra dis, é co le, A- pô tre, é toi le, É- gli se, dis ci ple,

o rai son, doc tri-
ne, pa ro le, pen-
si on, nou vel le,
vil la ge, fa mil le,
Sain te, Vier ge.

Au nom du Père, du Fils et du Saint-Esprit. Ainsi-soit-il.

L'Oraison Dominicale.

No tre Pè re qui ê tes aux Cieux, que vo tre nom soit sanc ti fié, que vo-tre rè gne ar ri ve, que vo tre vo lonté soit fai te en la ter re com me au ciel : don nez nous au jour d'hui no-tre pain quo ti di-en, et nous pardon-nez nos of fen ses, com me nous par-don nons à ceux

qui nous ont of-
fen sés ; et ne nous
lais sez pas suc com-
ber à la ten ta-
ti on, mais dé li-
vrez nous du mal.
Ain si soit il.

La Salutation Angélique.

Je vous salue, Marie pleine de grâce, le Seigneur est avec vous; et vous êtes bénie entre toutes les femmes, et Jésus le fruit de vos en trail les est bé ni. Sain te Ma rie, Mè re de Dieu, pri ez pour nous, pau vres pé cheurs, main te nant et à l'heu re de no tre mort. Ain si soit il.

Symbole des Apôtres.

Je crois en Dieu, le Pè re tout puis sant, cré a-teur du ciel et de la ter re, et en Jé sus Christ, son Fils u ni que, no tre Sei gneur, qui a é-

té con çu du Saint-
Es prit, est né de
la Vier ge Ma rie,
a souf fert sous
Pon ce Pi la te,
a é té cru ci fié,
est mort, et a é-
té en se ve li; qui
est des cen du aux
en fers, et le troi-

siè me jour est res-
sus ci té des morts,
est mon té aux
Cieux, est as sis
à la droi te de
Dieu le Pè re tout-
puis sant, d'où il
vien dra ju ger
les vi vants et les
morts. Je crois au

Saint Es prit, la sain te É gli se ca tho li que, la com mu nion des Saints, la ré mis- sion des pé chés la vie é ter nel- le.

Ain si soit il.

La Confession des péchés

Je con fes se à Dieu tout puis sant, à la bien heu reu-se Ma rie tou jours Vier ge, à saint Mi chel Ar chan ge, à saint Jean Bap-

tis te, aux A pô-
tres saint Pier re
et saint Paul, à
tous les Saints, et
à vous, mon Pè re
que j'ai beau coup
pé ché, par pen-
sées, par pa ro les,
par ac tions et

par o mis si ons : c'est ma fau te, c'est ma fau te, c'est ma très grande fau te. C'est pourquoi je sup plie la bien heu reu se Marie tou jours Vierge, saint Mi chel

Ar chan ge, saint Jean Bap tis te, les A pô tres saint Pier- re et saint Paul, tous les Saints, et vous, mon père, de pri er pour moi le Sei gneur no tre Dieu.

Que le Dieu tout-puis sant nous fas-se mi sé ri cor de, qu'il nous par don-ne nos pé chés et nous con dui se à la vie é ter nel le.

Ain si soit il.

Que le Sei gneur tout puis sant et mi sé ri cor dieux nous ac cor de l'in- dul gen ce, l'ab so- lu ti on et la ré- mis si on de nos pé chés.

Ain si soit il.

ACTES DES VERTUS THÉOLOGALES.

Acte de Foi.

Mon Dieu, je crois fer me ment tout ce que la sainte É gli se ca tho li- que, a pos to li- que et ro mai ne

m'or don ne de croi-
re, par ce que c'est
vous, ô Vérité in-
fail li ble, qui le
lui a vez ré vé lé.

Acte d'Espérance.

Mon Dieu, j'es-
pè re, a vec u ne

fer me con fi an-
ce, que vous me
don ne rez, par les
mé rites de Jé sus-
Christ, vo tre grâ-
ce en ce mon de, et,
si j'ob ser ve vos
Com man de ments,
vo tre gloi re en

l'au tre, par ce que vous me l'a vez pro- mis, et que vous ê- tes sou ve rai ne- ment fi dè le dans vos pro mes ses.

Acte de Charité.

Mon Dieu, je vous ai me de tout mon cœur, de tout mon es prit, de tou- te mon â me et de tou tes mes for ces, par des sus tou tes cho ses, par ce que vous ê tes in fi ni-ment bon et in fi-ni ment ai ma ble : et j'ai me mon pro-chain com me moi-mê me pour l'a-mour de vous.

Acte de Contrition.

Mon Dieu, j'ai un ex trê me re gret de vous a voir offen sé, par ce que vous ê tes in fi niment bon, in fi niment ai ma ble, et que le pé ché vous dé plaît : par donnez-moi par les mérites de Jésus Christ ; je me propose, moyennant votre sainte grâce, de ne plus vous offenser et de faire pénitence.

AVIS

A UN ENFANT CHRÉTIEN.

1. Re tour nez de l'école à la mai son sans vous ar rê ter par les rues, mo des te ment, c'est-à-di re sans cri er ni of fen ser per son ne. Au con trai re, si l'on vous in ju rie et offen se, en du rez-le pour l'a mour de No tre-Sei-

gneur, et dites en vous-même : Dieu vous donne la grâce de vous repentir de votre faute, et vous pardonne comme je vous pardonne.

2. Gardez-vous bien de jurer, de vous mettre en colère, de dire des paroles sales, de faire aucune action déshonnête.

3. Quand vous passez devant quelque Croix, ou quelque i-

ma ge de Notre-Seigneur, de la très-sainte Vierge ou des saints, faites une respectueuse inclination.

4. Quand vous rencontrerez quelque personne de votre connaissance, saluez-la le premier, parce que c'est une action d'humilité.

5. Saluez les personnes que vous rencon-

trerez selon la coutume du lieu et de l'instruction qu'on vous aura donnée.

6. Quand vous entrerez chez vous, ou dans quelque autre maison, saluez ceux que vous y trouverez.

7. Quand vous ferez quelque action, faites dévotement le signe de la sainte Croix, avec intention de faire au nom de Dieu, et pour

sa gloi re, ce que vous
al lez fai re.

8. — Quand vous par-
lez a vec des per son-
nes de con si dé ra-
ti on, ré pon dez
hum ble ment : oui,
Mon sieur, ou Ma da-
me ; non, Mon sieur,
etc., se lon qu'on vous
in ter ro ge ra.

9 Si ceux qui ont
pou voir sur vous, vous
com man dent quel que
cho se qui soit hon nê te

et que vous puissiez faire, obéissez-leur volontiers et promptement.

10. Si l'on vous commandait de dire quelque parole, ou de faire quelque action mauvaise, répondez que vous ne le pouvez point faire d'autant que cela déplaît à Dieu.

11. Quand vous

vou drez man ger, la vez-vous pre mi è re ment les mains, puis di tes le BE NE DI CI TE, ou au tre bé né dic ti on, a vec pi é té et mo des-tie.

12. Lors que vous vou drez boi re, pro-non cez tout bas le Saint nom de Jé sus.

13. Tou tes les fois que vous nom me rez ou en ten drez nom-mer JÉ SUS ou MA RIE,

vous ferez une inclination respectueuse.

14. Gardez-vous bien à table ou ailleurs, de demander, de prendre et de soustraire en cachette, ou autrement, ce qu'on aura servi; et même vous ne le devez pas regarder avec envie.

15. Quand on vous donnera quelque chose, recevez-le avec

respect, et remerciez celui ou celle qui vous l'aura donné.

16. Ne vous asseyez point à table si l'on ne vous y invite.

17. Mangez et buvez doucement et honnêtement, sans avidité et sans excès.

18. A la fin de chaque repas, dites dévotement les Grâces, ensuite saluez respectueusement les

per son nes a vec les quel les vous a vez pris vo tre re pas, et re-mer ci ez ceux qui vous a vaient in vi té.

19. Ne sor tez point de vo tre mai son sans en de man der et sans en a voir ob te nu la per mis si on.

20. N'al lez point a vec les en fants vi cieux et mé chants, car ils peu-vent vous nui re pour le corps et pour l'â me.

21. Quand vous aurez emprunté quelque chose, rendez-le au plus tôt, et n'attendez pas qu'on vous le demande.

22. Lorsque vous aurez à parler à quelque personne d'autorité qui sera occupée, présentez-vous avec respect, et attendez qu'elle ait le loisir de vous parler, et qu'elle vous demande ce que

vous lui vou lez.

23. Si quel qu'un vous re prend, ou vous donne quel que a ver tis se ment, re mer ci ez-le a vec hu mi li té.

24. Ne tu to yez per son ne, non pas mê me les ser vi teurs, les ser van tes et les pau vres.

25. Al lez au de vant de ceux qui en trent chez vous, pour les sa lu er,

26. Si quel qu'un de ceux de la mai son, ou au tre, dit ou fait en vo tre pré sen ce, quel que chose de mal à pro pos, et in di gne d'un chré tien, té moi gnez par quel que si gne la pei ne que vous en res sen tez.

27. Quand les pau vres de man dent à vo tre por te, pri ez vo tre pè re, ou vo tre mère, ou ceux chez qui

vous demeurez, de leur faire l'aumône pour l'amour de Dieu ; faites-la-leur vous-même lorsque vous le pouvez.

28. Le soir, avant de vous aller coucher, après avoir souhaité le bon soir à vos père et mère, ou au tres mettez-vous à genoux auprès de votre lit, ou devant quelque image, et dites votre Prière avec attention

et dé vo ti on.

En sui te pre nez de l'Eau bé ni te et fai tes le si gne de la sain te Croix sur vous et sur vo tre lit.

29. Le ma tin en vous le vant, fai tes le si gne de la sain te Croix ; et, é tant ha bil lé, met-tez-vous à ge noux, et di tes dé vo te ment la Pri è re du ma tin. En sui te, sou hai tez le bon jour à vos pè re

et mère et autres personnes de la maison.

30. Tous les jours, si vous le pouvez, entendez la sainte Messe dévotement et à genoux, et le vez-vous quand le Prêtre dit l'Évangile.

31. Quand vous entendrez sonner l'Angelus, récitez-le.

32. Soyez toujours prêt à aller à l'École :

apprenez soigneusement les choses que vos maîtres vous enseignent; soyez-leur bien obéissant et respectueux.

33. Gardez-vous bien de mentir en quelque manière que ce soit; car les menteurs sont les enfants du démon, qui est le père du mensonge.

34. Sur tout gardez-

vous de dérober aucune chose ni chez vous ni ailleurs, parce que c'est offenser Dieu. C'est se rendre odieux à tout le monde, et prendre le chemin d'une mort infâme.

35. Enfin tous vos principaux soins, tandis que vous vivez en ce monde, doivent tendre à vous rendre agréable à Dieu et à ne le point

offenser, afin qu'après cette vie mortelle vous soyez préservé de l'enfer, et possédiez la gloire du Paradis.

Ainsi soit-il.

En entrant dans l'Église.

Divin Jésus, je crois que vous êtes ici présent : je vous adore, je vous loue, je vous reconnais pour mon Créateur et mon Sauveur, et j'unis mes humbles adorations à celles que la très-sainte Vierge, les Anges et les Saints vous rendent dans le ciel, et j'offre à la très-sainte Trinité celles que vous lui rendez dans le très-saint Sacrement de l'autel.

Loué soit...

Notre Père...

Je vous salue...

PRIÈRES

PENDANT LA MESSE.

※

Au commencement de la Messe.

Faites-moi la grâce, ô mon Dieu, d'entrer dans les dispositions où je dois être pour vous offrir dignement, par les mains du Prêtre, le Sacrifice redoutable auquel je vais assister. Je vous l'offre, en m'unissant aux intentions de Jésus-Christ et de son Église ; 1° pour rendre à votre divine Majesté l'hommage souverain qui lui est dû ; 2° pour vous remercier de tout vos bienfaits ; 3° pour vous demander avec un cœur contrit la rémission de mes péchés ; 4° enfin pour obtenir tous les secours qui me sont nécessaires pour le salut de mon âme et la vie de mon corps. J'espère toutes ces grâces de vous, ô mon Dieu, par les mérites de Jésus-Christ votre Fils, qui veut bien être lui-même le prêtre et la victime de ce Sacrifice adorable.

Au Confiteor.

Quoique, pour connaître mes péchés, ô mon Dieu, vous n'ayez pas besoin de ma confession, et que vous lisiez dans mon cœur toutes mes iniquités, je vous les confesse néanmoins à la face du ciel et de la terre; j'avoue que je vous ai offensé par mes pensées, paroles et actions. Mes péchés sont grands, mais vos miséricordes sont infinies.

Ayez compassion de moi, ô mon Dieu; souvenez-vous que je suis votre enfant, l'ouvrage de vos mains et le prix de votre sang. Vierge sainte, Anges du ciel, Saints et Saintes du Paradis, priez pour nous, et, pendant que nous gémissons dans cette vallée de misères et de larmes, demandez grâce pour nous, et nous obtenez le pardon de nos péchés.

A l'introït.

Seigneur qui avez inspiré aux Patriarches et

aux Prophètes des désirs si ardents de voir descendre votre Fils unique sur la terre, donnez-moi quelque portion de cette sainte ardeur, et faites que, malgré les embarras de cette vie mortelle, je ressente en moi un saint empressement de m'unir à vous.

Au Kirie eleison.

Je vous demande, ô

mon Dieu, par des gémissements et des soupirs réitérés, que vous me fassiez miséricorde ; et quand je vous dirais à tous les moments de ma vie : Seigneur, ayez pitié de moi, ce ne serait pas encore assez pour le nombre et pour l'énormité de mes péchés.

Au Gloria in excelsis.

La gloire que vous méritez, ô mon Dieu, ne vous peut être dignement rendue que dans le ciel; mon cœur fait néanmoins ce qu'il peut sur la terre au milieu de son exil: il vous loue, il vous bénit, il vous adore, il vous glorifie, il vous rend grâces et vous reconnaît pour le Saint des saints et pour le seul Seigneur souverain du ciel et de la terre, en trois Personnes, Père, Fils et St-Esprit.

Aux Oraisons.

Recevez, Seigneur, les prières qui vous sont adressées pour nous ; accordez-nous les grâces et les vertus que l'Église, notre Mère, vous demande par la bouche du Prêtre en notre faveur. Il est vrai que nous ne méritons pas d'être exaucés ; mais considérez que nous vous demandons ces grâces par Jésus-Christ, votre Fils, qui vit et règne avec vous dans tous les siècles des siècles. Amen.

Pendant l'Épitre.

C'est vous, seigneur, qui avez inspiré aux Prophètes et aux Apôtres les vérités qu'ils nous ont laissées par écrit ; faite-moi part de leurs lumières ; et allumez en mon cœur ce feu sacré dont ils ont été embrasés, afin que, comme eux, je vous aime et je vous serve sur la terre tous les jours de ma vie.

A l'Évangile.

Je me lève, ô souverain Législateur, pour vous marquer que je suis prêt à défendre, aux dépens de tous mes intérêts et de ma vie même, les grandes vérités qui sont contenues dans le saint Évangile. Donnez-moi, Seigneur, autant de force pour accomplir votre divine parole, que vous m'inspirez de fermeté pour la croire.

Pendant le Credo.

Oui, mon Dieu, je crois toutes les vérités que vous avez révélées à votre sainte Église : il n'y en a pas une seule pour laquelle je ne voulusse donner mon sang; et c'est dans cette entière soumission que, m'unissant intérieurement à la profession de foi que le Prêtre vous fait, je dis à présent d'esprit et de cœur, comme il vous le dit de vive voix, que je crois fermement en vous et tout ce que l'Eglise croit. Je proteste, à la face de vos autels, que je veux vivre et mourir dans les sentiments de cette foi pure et dans le sein de l'Église catholique, apostolique et romaine.

A l'Offertoire.

Quoique je ne sois qu'une créature mortelle et pécheresse, je vous offre, par les mains du

Prêtre, ô vrai Dieu vivant et éternel, ce pain et ce vin, qui doivent être changés au corps et au Sang de Jésus-Christ votre Fils. Recevez, Seigneur, ce Sacrifice ineffable en odeur de suavité, et souffrez que j'unisse à cette oblation sainte le sacrifice que je vous fais de mon corps, de mon âme, et de tout ce qui m'appartient. Changez-moi, ô mon Dieu, en une nouvelle créature, comme vous allez changer, par votre puissance, ce pain et ce vin.

Au Lavabo.

Lavez-moi, Seigneur, dans le sang de l'Agneau qui va vous être immolé, et purifiez jusqu'aux moindres souillures de mon âme, afin qu'en m'approchant de votre saint autel, je puisse élever vers vous des mains pures et innocentes, comme vous me l'ordonnez.

Pendant la Secrète.

Recevez, ô mon Dieu, le Sacrifice qui vous est offert pour l'honneur et la gloire de votre saint Nom, pour notre propre avantage et pour celui de votre sainte Eglise. C'est pour entrer dans ses intentions que je vous demande toutes les grâces qu'elle vous demande maintenant par le ministère du prêtre, auquel je m'unis pour les obtenir de votre divine bonté par Jésus-Christ notre Seigneur.

A la Préface.

Détachez-nous, Seigneur, de toutes les choses d'ici-bas, élevez nos cœurs vers le ciel, attachez-les à vous seul, et souffrez qu'en vous rendant les louanges et les actions de grâces qui vous sont dues, nous unissions nos faibles voix aux concerts des Esprits bienheureux, et que nous disions, dans le lieu de notre exil, ce qu'ils chantent dans le séjour de la gloire : *Saint, Saint, Saint est le Seigneur, le Dieu des* armées; qu'il soit glorifié au plus haut des cieux.

Après le Sanctus.

Père éternel, qui êtes le souverain Pasteur des Pasteurs, conservez et gouvernez votre Église; sanctifiez-la et répandez-la par toute la terre; unissez tous ceux qui la composent dans un même esprit et un même cœur; bénissez notre saint père le Pape, notre Prélat, notre Pasteur, notre Roi, la Famille Royale, et tous ceux qui sont dans la foi de votre Église.

Au premier Memento.

Je vous supplie, ô mon Dieu, de vous souvenir de mes parents, de mes amis, de mes bienfaiteurs spirituels et temporels. Je vous recommande aussi de tout mon cœur mes ennemis et tous ceux dont je pourrais avoir reçu quelque mauvais traitement : oubliez leurs péchés et les miens donnez-leur part aux mérites de ce divin Sacrifice, et comblez-les de vos bénédictions en ce monde et dans l'autre.

A l'Élévation de la sainte Hostie.

O Jésus mon Sauveur, vrai Dieu et vrai homme,

je crois fermement que vous êtes réellement présent dans la sainte Hostie. Je vous y adore de tout mon cœur, comme mon Seigneur et mon Dieu. Donnez-moi, et à tous ceux qui sont ici présents, la foi, la religion et l'amour que nous devons avoir pour vous dans ce mystère adorable.

A l'Élévation du Calice.

J'adore en ce calice, ô

mon divin Jésus, le prix de ma rédemption et celle de tous les hommes. Laissez couler, Seigneur, une goutte de ce sang adorable sur mon âme, afin de la purifier de tous ses péchés, et de l'embraser du feu sacré de votre amour.

A l'Élévation

Ce n'est plus du pain et et du vin, c'est le Corps

adorable et le précieux Sang de Jésus-Christ votre Fils, que nous vous offrons, ô mon Dieu, en mémoire de sa Passion, de sa Résurrection et de son Ascension : recevez-le, Seigneur, et, par ses mérites infinis, remplissez-nous de vos grâces et de votre amour.

Au second Memento.

Souvenez-vous aussi,

Seigneur, des âmes qui sont dans le Purgatoire ; elles ont l'honneur de vous appartenir, et bientôt elles vous posséderont. Je vous recommande particulièrement celles de mes parents, de mes amis de mes bienfaiteurs spirituels et temporels, et celles qui ont le plus besoin de prières.

Au Pater.

Quoique je ne sois

qu'une misérable créature, cependant, grand Dieu, je prends la liberté de vous appeler mon Père, puisque vous le voulez. Faites-moi la grâce, ô mon Dieu, de ne point dégénérer en la qualité de votre enfant, et ne permettez-pas que je fasse jamais rien qui en soit indigne. Que votre saint Nom soit sanctifié par tout l'univers. Régnez dès à présent dans mon cœur par votre grâce, afin que je puisse régner éternellement avec vous dans la gloire, et faire votre volonté sur la terre, comme les Saints la font dans le Ciel. Vous êtes mon Père : donnez-moi donc, s'il vous plaît, ce pain céleste dont vous nourrissez vos enfants. Pardonnez-moi, comme je pardonne de bon cœur, pour l'amour de vous, à tous ceux qui m'auraient offensé; et ne permettez pas que je succombe jamais à aucune tentation ; mais faites que, par le secours de votre grâce, je triomphe de tous les ennemis de mon salut.

A l'Agnus Dei.

Agneau de Dieu, qui avez bien voulu vous charger des péchés du monde, ayez pitié de nous. Seigneur, vos miséricordes sont infinies : effacez donc nos péchés, et donnez-nous la paix avec nous-même et avec notre prochain, en nous inspirant une profonde humilité, et en étouffant en nous tout désir de vengeance.

Au Domine non sum dignus

Hélas! Seigneur, il n'est que trop vrai que je ne mérite pas de vous recevoir ; je m'en suis rendu tout-à-fait indigne par mes péchés ; je les déteste de tout mon cœur, parce qu'ils vous déplaisent et qu'ils m'éloignent de vous.

Une seule de vos paroles peut guérir mon âme ; ne l'abandonnez pas, ô mon dieu, et ne permettez pas qu'elle soit jamais séparée de vous.

À la communion du Prêtre.

Si je n'ai pas aujourd'hui le bonheur d'être nourri de votre chair adorable, ô mon aimable Jésus, souffrez au moins que je vous reçoive d'esprit et de cœur, et que je m'unisse à vous par la foi, par l'espérance et par la charité. Je crois en vous, ô mon Dieu ; j'espère en vous, et je vous aime de tout mon cœur.

Quand le Prêtre ramasse les particules de l'Hostie.

La moindre partie de vos grâces est infiniment précieuse, ô mon Dieu. Je l'ai dit : je ne mérite pas d'être assis à votre table, comme votre enfant ; mais permettez-moi, au moins, de ramasser les miettes qui en tombent, comme la Chananéenne le désirait : faites que je ne néglige aucune de vos inspirations, puisque cette négligence pourrait vous obliger à m'en priver entièrement.

Pendant les dernières Oraisons.

Très-sainte et très-adorable Trinité, Père, Fils, et Saint-Esprit, qui êtes un seul et vrai Dieu en trois personnes, c'est par vous que nous avons commencé ce Sacrifice, c'est par vous que nous le finissons : ayez-le pour agréable, et ne nous renvoyez pas sans nous avoir donné votre sainte bénédiction.

Pendant le dernier Évangile.

Verbe éternel, par qui toutes choses ont été faites, et qui, vous étant fait homme pour l'amour de nous, avez institué cet auguste Sacrifice, nous vous remercions très-humblement de nous avoir fait la grâce d'y assister aujourd'hui. Que tous les Anges et tous les Saints vous en louent à jamais dans le Ciel. Pardonnez-moi, ô mon Dieu, la dissipation où j'ai laissé aller mon esprit, et la froideur que j'ai ressentie en mon cœur dans un temps où il devait être tout occupé de vous et tout embrasé d'amour pour vous. Oubliez, Seigneur, mes péchés, pour lesquels Jésus-Christ votre Fils vient d'être immolé sur cet autel : ne permettez pas que je sois assez malheureux pour vous offenser davantage ; mais faites que, marchant dans les voies de la justice, je vous regarde sans cesse comme la règle et la fin de toutes mes pensées, de toutes mes paroles et de toutes mes actions.

Ainsi soit-il.

ABRÉGÉ

DE CE QU'IL FAUT SAVOIR, CROIRE ET PRATIQUER POUR ÊTRE SAUVÉ.

1. Il n'y a qu'un Dieu, il ne peut y en avoir plusieurs. Dieu possède toutes les perfections : il est infiniment saint, juste, bon ; il est tout-puissant, souverain, éternel, c'est-à-dire qu'il a toujours été et sera toujours. Dieu est un pur esprit, il n'a point

de corps, on ne peut le voir ; il connaît tout, jusqu'à nos plus secrètes pensées.

2. Il y a en Dieu trois personnes, réellement distinctes l'une de l'autre : la première, le Père ; la seconde, le Fils ; la troisième, le Saint-Esprit. Le Père est Dieu, le Fils est Dieu, le Saint-Esprit est Dieu ; cependant ce ne sont pas trois Dieux, mais trois choses qui ne sont

qu'un seul et même Dieu, parce qu'elles n'ont qu'une même nature et essence divine. C'est là ce qu'on appelle le Mystère de la très-sainte Trinité.

3. C'est Dieu qui a créé le ciel et la terre, et tout ce qu'ils renferment, il les a faits de rien par sa seule volonté. Il a créé les Anges ; les uns ont péché par orgueil, et sont dans l'Enfer ; les autres, restés attachés à Dieu, sont heu-

reux dans le Ciel. Dieu a fait les astres, la terre, les animaux, les plantes, pour l'usage de l'homme; mais il a fait l'homme à son image, et *uniquement* pour connaître, aimer, servir son Dieu sur la terre, et par ce moyen gagner le Paradis.

4. Le premier homme et la première femme désobéirent à Dieu, et se rendirent coupables, eux et tous leurs descendants;

et c'est à cause de la désobéissance de nos premiers parents que nous apportons tous, en venant au monde, le péché originel. En punition de ce péché, ils méritèrent pour eux et tous leurs descendants, ou pour tous les hommes, les souffrances, les peines, la mort, la colère de Dieu et la damnation éternelle.

5. Dieu, cependant, voulut bien offrir aux

Esprit. Le Baptême efface en nous le péché originel, nous donne la vie de la grâce, et nous fait enfants de Dieu et de l'Église.

14. Le Sacrement de Pénitence est établi pour remettre les péchés commis depuis le Baptême; mais, pour en obtenir le pardon par ce Sacrement, il faut les confesser tous, du moins les mortels, sans en cacher un seul; avoir une très-grande

douleur d'avoir offensé Dieu, demander très instamment cette douleur à Dieu; être fermement résolu de ne les plus commettre et d'en quitter les occasions; enfin être décidé à faire les réparations et les pénitences que le prêtre impose. Si une seule de ces dispositions manque, l'absolution reçue est un grand crime de plus, et un sacrilége.

15. L'Eucharistie est le

plus auguste de tous les Sacrements, parce qu'il contient Jésus-Christ tout entier, vrai Dieu et vrai homme, son corps et son sang, son âme, sa divinité : à la Messe, par les paroles de la consécration que le Prêtre prononce, la substance du pain et du vin, est changée au Corps de Jésus-Christ, et il n'en reste plus que les apparences.

Ainsi, lorsque le saint

Sacrement est exposé sur l'Autel, ou lorsqu'il est dans le Tabernacle, c'est Jésus-Christ réellement présent qu'on adore; et, quand on communie, c'est Jésus-Christ qu'on reçoit pour être la nourriture spirituelle de l'âme. Ce n'est pas son image, ni sa figure, comme sur un crucifix; mais c'est Jésus-Christ lui-même, c'est-à-dire le même Fils de Dieu, le même Jésus-

Christ qui est né de la très-sainte Vierge Marie, qui est mort pour nous sur la Croix, qui est ressuscité, monté au Ciel, qui est dans la sainte Hostie, aussi véritablement qu'il est au Ciel. Pour bien communier, il faut n'avoir sur la conscience aucun péché mortel ; s'il y en avait un seul, on commettrait un énorme crime, un sacrilége ; on mangerait et on boirait, dit saint Paul, son jugement et sa condamnation.

16 Il faut mourir ; le moment de notre mort est incertain ; de ce moment dépend notre bonheur ou malheur éternel ; le Paradis ou l'Enfer pour toujours, selon l'état de grâce ou de péché où nous nous trouverons à la mort. Pensons-y bien.

17. Les principales vertus d'un chrétien sont :

la foi, l'Espérance et la charité. 1° la Foi est un don de Dieu, par lequel nous croyons fermement toutes les vérités qu'il a révélées à son Église; 2° l'Espérance est un don de Dieu, par lequel nous attendons avec confiance le Ciel, et les grâces pour y parvenir; 3° la Charité est un don de Dieu, par lequel nous aimons Dieu par-dessus toutes choses, pour l'amour de lui-même; et notre prochain comme nous-même, pour l'amour de Dieu.

Tout Chrétien est obligé de faire souvent des Actes de Foi, d'Espérance et de Charité, dès qu'il a l'usage de la raison, et lorsqu'il est en danger de mort.

Les Commandements de Dieu.

1. Un seul Dien tu adoreras,
   Et aimeras parfaitement.

2. Dieu en vain tu ne jureras,
   Ni autre chose pareillement.

3. Les dimanches tu garderas,
   En servant Dieu dévotement.

4. Tes père et mère honoreras,
   Afin que tu vives longuement.

5. Homicide point ne seras,
   De fait ni volontairement.

6. Luxurieux point ne seras,
   De corps ni de consentement.

7. Le bien d'autrui tu ne prendras,
   Ni retiendras à ton escient.

8. Faux témoignage ne diras,
   Ni mentiras aucunement.

9. L'œuvre de chair ne désireras,
   Qu'en mariage seulement.

10. Biens d'autrui ne convoiteras,
    Pour les avoir injustement.

Les Commandements de l'Église

1. Les fêtes tu sanctifieras,
   Qui te sont de commandement.

2. Les dimanches la Messe ouïras,
   Et les fêtes pareillement.

3. Tous tes péchés confesseras,
   A tout le moins une fois l'an.

4. Ton créateur tu recevras,
   Au moins à Pâques humblement.

5. Quatre-Temps, vigiles jeûneras,
   Et le carême entièrement.

6. Vendredi, chair ne mangeras,
   Ni le samedi mêmement.

LA MORALE DE L'ENFANCE.

(Tirée des œuvres de M. Morel de Vindé.*)*

1. Existence de Dieu.

Tout annonce d'un Dieu l'éternel existence :
On ne peut le comprendre, on ne peut l'ignorer :
La voix de l'univers annonce sa puissance,
Et la voix de nos cœurs dit qu'il faut l'adorer.

2. Rien n'échappe à l'œil de Dieu.

Dieu voit tout, est partout. On a beau se cacher,
A son œil pénétrant on ne peut se soustraire.

Quand on pèche en secret, ce n'est pas moins
[pécher.]
A l'éternel témoin gardons-nous de déplaire.

3. Dieu juste et bon.

Dieu, toujours juste et bon, punit et récompense.
En nous conduisant bien, fuyons le châtiment.
Au moins par nos efforts gagnons son indulgence;
Il châtie avec peine, et pardonne aisément.

4. Aimez vos parents.

Des soins que vos parents vous donnent chaque
[jour]
Que votre attachement soit une récompense;
Qu'ils doivent vos efforts et votre obéissance
Moins aux lois du devoir qu'à celles de l'amour.

5. Il faut obliger son prochain.

Il faut, autant qu'on peut, obliger tout le monde :
On a souvent besoin d'un plus petit que soi.
Reçoit-on un bienfait, qu'un bienfait y réponde.
Il se faut entr'aider : c'est la commune loi.

6. Ne faites de mal à personne.

C'est dans votre intérêt que je vous le répète :
Si vous faites du mal, chacun vous en fera ;
Si vous faites du bien, chacun vous le rendra.
Il faut traiter autrui comme on veut qu'il nous
[traite.]

7. Soyez modeste.

Ne croyez pas avoir un mérite suprême
Pour avoir fait le bien de tout votre pouvoir.
Le vrai sage est modeste ; il se dit à lui-même :
Celui qui fait le bien ne fait que son devoir.

8. Ne point toujours parler de soi.

Il ne faut point, enfants, toujours parler de soi,
De ce que l'on a fait, de ce que l'on doit faire.
Ou d'un sot ou d'un fat c'est l'ordinaire emploi.
Ne sait-on rien de mieux, qu'on sache au moins
[se taire.]

9. Ne vous mettez point en colère.

Toujours le repentir suit de près la colère.

Ne vous livrez jamais à sa bouillante ardeur.
Le mal que dans l'accès vous aurez osé faire
Viendra, l'instant d'après, déchirer votre cœur.

10. Sachez céder avec douceur.

A se mettre en colère on n'a pas d'avantage.
Sitôt que l'on s'emporte, on prouve qu'on a tort.
On peut, en disputant, se montrer le plus fort;
Mais on doit, en cédant, se montrer le plus sage.

11. Ne faites point de rapports.

C'est un bien grand défaut que d'aller rapporter.
Ne vous permettez pas cette lâche vengeance.
Si l'on vous fait du mal, sachez le supporter;
Qu'un oubli généreux suive à l'instant l'offense.

12. Ne point médire.

Vous trouveriez affreux que, par méchanceté,
On publiât le mal que vous auriez pu faire:
Ne faites donc jamais ce tort à votre frère,
Et pour tous ses défauts usez de charité.

13. Il faut toujours bien parler des absents.

Enfants, il faut toujours bien parler des absents,

Si l'on en dit du mal, chercher à les défendre,
Faire ce qu'on ferait, s'ils pouvaient nous [entendre,]
Et croire, en parlant d'eux, qu'ils sont toujours [présents.]

14. Ne mentez jamais.

Il ne faut, mes enfants, ni tromper, ni mentir.
L'honnête homme toujours dit la vérité pure.
Soit pour vous excuser, soit pour vous divertir,
Ne vous permettez pas la plus faible imposture.

15. Evitez la paresse.

Ne vous laissez jamais aller à la paresse ;
Faites tous vos devoirs avec la même ardeur.
Le dégoût suit toujours l'indolente mollesse ;
La peine surmontée augmente le bonheur.

16. La vertu rend heureux.

La vertu, mes enfants, donne la paix de l'âme.
C'est à faire le bien qu'il faut borner ses vœux.
On est toujours tranquille étant exempt de blâme,
Il n'est point de malheur pour l'homme vertueux.

17. Hâtons-nous de secourir les malheureux.

N'attendez pas toujours qu'on implore vos soins.
Allez des malheureux prévenir les besoins,
Et songez qu'un bienfait qui vient sans qu'on
[l'attende]
Fait bien plus de plaisir que celui qu'on demande;

18. Le devoir avant tout.

N'aimez point le plaisir avec un fol excès,
Et que l'amour du jeu jamais ne vous emporte ;
Que l'ardeur du travail soit chez vous la plus
[forte.]
Le devoir avant tout, et le plaisir après.

FIN.

GRAVILLE, — Imprimerie de Prudhomme.

www.ingramcontent.com/pod-product-compliance
Lightning Source LLC
Chambersburg PA
CBHW070528100426
42743CB00010B/2000